수선화 밭에서

## 수선화 밭에서

초판 발행 · 2021년 10월 18일
초판 인쇄 · 2021년 10월 05일

지은이 · 김 경 훈
펴낸이 · 강 정 희

펴낸곳 · 도서출판 각 Ltd.
출판등록 · 등록번호 제651-2016-000013호
주소 · (63168) 제주특별자치도 제주시 관덕로6길 17 2층
전화 · 064·725·4410
팩스 · 064·759·4410
홈페이지 · www.gakbook.com
전자우편 · gakgak@empas.com

ISBN 979-11-88339-75-4

값 10,000 원

\* 이 책 내용의 전부 또는 일부를 재사용하려면 저자와 도서출판 각, 양측의 동의를 받아야 합니다.
\* 이 책은 2021년도 제주문화예술재단의 지원에 의해 발간되었습니다.

도서출판 각 시선 046

# 수선화 밭에서

김경훈 시집

시인의 말

부드럽고 품위 있는 언어로
꽃을 노래하고
사랑을 예찬하고
내면의 우주를 돌아보고 싶다고
나도 그런 서정시를 쓰리라고,

내 꿈은 창대했으나
아뿔싸,
그 끝은 심히 미약하였네.


때늦은 8월의 장마가
우수의 안개로 저미는 날

창고재創古齋에서…

차례

시인의 말 · 3

제1부 꽃의 위로

백동백 · 13
꽃의 위로 · 14
물매화 · 15
반얀나무 · 16
코스모스 · 18
배롱나무 · 19
복수초福壽草 · 21
들꽃 이름 외우기 · 22
상사화相思花 · 23
서향瑞香 · 24
해바라기 · 25

선인장아 · 26

시로미나무 · 27

여뀌와 대우리 · 28

수선화 밭에서 · 29


## 제2부 찔레꽃 당신은

경훈씨 그거 알아? · 33

그대여, 눈을 들어 하늘을 보라 · 34

더덕 캐기 · 36

맹지盲地 · 37

뭘 해도 · 38

오미자 · 39

호 아저씨 · 40

권정생 · 41

이 세계 절반의 사람, 세상의 모든 딸들을 위하여 · 42

정선 여인 · 44

찔레꽃 당신은 · 46

미영美影의 달 · 48

도안응이아*의 봄 · 49

공철이형 · 51

우리 현미 · 52


## 제3부 산과 바다가

윤회輪廻 · 55

산山 · 56

계단 · 57

만월滿月 · 58

봄 · 59

조난遭難 · 60

산과 바다가 · 61

아무도 없었다 · 62

춘분春分 · 63

포구浦口에서 · 64

귤향橘香 · 65

벌초伐草 · 66

민들레거나 생강나무꽃 같은 · 67

입김 · 68

한라병원 5병동 502호 · 70


## 제4부 뚝배기 그릇처럼

뚝배기 그릇처럼 · 73

권위에 대하여 · 74

뇌 세척 바이러스 · 75

고해苦海 · 76

나의 절명사絶命辭 · 77

ㅋ · 78

빤스의 수명 · 79

낮아진다는 것 · 80

숭어 · 82

대접과 그릇 · 83

우울 · 84

촌철살인寸鐵殺人 · 85

입맞춤 · 86

뚱딴지 · 87

제주상사화 · 88


발문 · 91

제1부

꽃의 위로

## 백동백

통꽃으로 지기엔
그대는
너무 처연히
단아하다

가지런한 치열
청한 미소
고고히 선연鮮然하여
오히려 애잔하나니

그대는
청초록 눈부신
소복素服의 햇살로
오직 고이 빛나라

## 꽃의 위로

당신은
크게 상처 받아
낙심할 때
문득
그 꽃이 다가와
위로했다 했지요
핏빛 검붉은
그 꽃이
어떻게
당신에게
위로가 되었을까요
나는
그 마음
알기 위해
울타리 가득
접시꽃을 피웠습니다

# 물매화

그윽한 몰입沒入
몰아沒我의 황홀

그런 여자
당신은,

반얀나무


가지가
땅으로
닿아

다시
뿌리가 되는
영생永生의 나무

비바람
몰아쳐도
흔들리지 않는

베트남
인민들의
어깨동무

거대한 착지着地와

웅혼한
비상飛翔

## 코스모스

살랑살랑
가만히
바람을 흔들면서

여리여리
아늑히
햇살을 당기면서

도란도란
살뜰히
벗들을 기대면서

너는,

하늘하늘
가뿐히
우주에 닿고 있구나

# 배롱나무

내
무덤가에
그대
한 그루
배롱나무로 있으라

천년 이슬
숨
나누리니

그대
무덤가에
나
한 그루
배롱나무 되리

만년 불휘

**연緣**

이으리니

## 복수초福壽草


강인한 숙련

어김없이

해마다

동토凍土를 뚫는다

화사한 응징

안개마저도

쌓인 눈마저도

기꺼이

저만치 물러선다

초연한 득음得音

관음사 풍경소리

가만히 본다

# 들꽃 이름 외우기

순남 언니나 창집 선생은 들꽃 박사다 도무지 모르는 것이 없다 나도 한번 따라한답시고 몇 개 이름 외우다 돌아서면 잊어버린다 의미는 자신을 관통하는 마음 떨림에 주파수를 공명한다 가치는 그것이 내 심장에 각인된 파동에 정비례한다 문득 내 이름이 잊혀질듯 이름 잊은 들꽃에게 부끄러이 들켜버린다 도대체 아는 것이 없다 들꽃이나 그 닮은 이들을 닮아야겠다

## 상사화 相思花

그대는
있는 듯 없고
없는 듯 있으나

사랑인 듯
아닌 듯
속이 타지만

부디
살아만 있으오
제발

그대의 부재는
또한
나의 상실이니

## 서향瑞香

성은 양씨
이름은 향심

이름이 촌스러워
부끄럽다길래

심향천리산深香千里散
양심만인감良心滿人感

그녀 이름 넣어
즉흥 한시 두 줄 써줬는데

나머지 두 줄 다 쓰면
서향瑞香 가득

제 이름 자부할까
촌村은 부끄럽지 않다 할까

## 해바라기

오직
줄기 하나에
꽃
하나
이 단순한 저력이
알찰수록
고개 숙인다
영글수록
해 바라지 않는
이 압도적 자존
굳건한 자기중심에
핀
열정의 꽃
하나
다만

## 선인장아

가장 힘든
견딤
속
우뚝 진초록
바탕
위
온통 밝은
노란
꽃
너
가시 일군
사랑아

시로미나무


좌지우지하려 않는다
중심만 잡을 뿐
그렇다고 흔들지도 않는다
바람은 벗일 뿐

높이 오르려 않는다
눈 닿는데 뿐
그렇다고 많이 손 벌리지도 않는다
이 정도 그늘이면 충분할 뿐

다만
비슷한 것들끼리 어깨 걸고 월동하며
하늘 숨 편히 들이쉬고
땅 샘 마르지 않게 이슬 품으니

저절로
푸른 우주가 영글 뿐

## 여뀌와 대우리

콩밭의 여뀌
콩인 체

보리밭의 대우리
보린 체

같잖은
아닌 것들

알뜰히
솎아내면

콩밭엔
콩

보리밭엔
보리

## 수선화 밭에서


꽃내음에
취해

죽어도 좋으리
그대 사랑
지천으로 흐드러졌으니
나 여기에
묻혀
꽃이 되어도 좋으리

제 2 부

찔레꽃 당신은

## 경훈씨 그거 알아?


북촌4·3기념관에서 같이 근무할 때
정군칠 시인이 팽나무를 보면서 말했다

"팽나무는 순을 두 번 내매
첫 순은 고스란히 벌레들에게 주고
두 번째 순을 자신의 가지로 키우매
나도 나를 온전히 누군가에게 바치고
새 순 같은 삶을 살고 싶어."

어느 날 문득 팽나무 옹이에서
시인의 마지막 길 퀭한 눈동자가 보였다

## 그대여, 눈을 들어 하늘을 보라

그대여, 내가 보고 싶거든
눈을 들어 하늘을 보라

거기 해가 있어 이글거리거든
그대 향한 불타는 마음이라 생각하라

내 목소리 그립거든
눈을 감고 바람소리 들으라

몹시 몰아치거든 나의 걱정
한결 따듯하거든 나의 온기
언뜻 우울하거든
나의 한숨이라 생각하라

그 바람결에
그대 향내 온전히 느끼고 있나니

가 닿지 못하는 애달픈 마음이
비 되어 가슴 적시고 있나니

번개가 치고 벼락이 이는 건
새로운 인연 오려 저리 몸부림이니
그대여

내가 보고 싶거든
눈을 들어 하늘을 보라
거기 구름 가득 낮아지거든
이제 내가 가까이 다 왔거니 생각하라

# 더덕 캐기

유월 염천 낮은 계곡에 상희형 꼬드겨서 더덕을 캐러갔다 자잘한 놈 몇 뿌리 캐는데 풀모기만 잔뜩 물렸다 더덕더덕 물린 자리가 백년 묵은 더덕의 뇌두 닮았다 땀투성이 상희형 군소리보다 더 부어올랐다 밭에 옮겨 심은 더덕이 돌담을 타고 올라 하늘에 닿을 무렵이면 상희형 슬픈 무용담 사그러들까 바닷가 용천수에 솥 걸어놓고 더덕 토종닭 푹 삶아 상희형 오라 할까 번지르르 닭국물 환한 상희형 얼굴 보며 복날의 똥개 같던 내 마음도 풀릴까 그 웬수 놈의 모기는 날아가고 한여름 뜨거운 해도 한쪽 눈을 감아줄까

## 맹지 盲地

한 때는
가운데 에워싸
모두 우러르던 그이

시류에 때 묻자
눈 감고 등 돌려
그이에게 가는 길 온통 막히고

지금은
진입로조차 차단된
역사의 맹지

내통이 좌절된
회천동 이덕구 가족묘
도 막은 밭

# 뭘 해도

수니민
뭘 해도
예뻐

지영인
뭘 해도
야무져

경후닌
뭘 해도
어설퍼

명바긴
넌
뭘 하지마!

## 오미자

오미자에게 문자 메시지로 은근히 수작을 부렸다
"나, 오미자 사랑해도 돼?"

오미자는 오씨 성을 가진 미자라는 이름의 여자가
아니라
김군 재인 조앤 영미 태나맘
강정마을 다섯 명 여성 활동가의 통칭이다

자기 걸로 하나라도 더 챙기려는 이 세상에
자신을 전혀 앞세우지 않고 뒤에서만 헌신하는
순정의 구도자들이 오미자, 바로 이들이다

바로 답장이 왔다, 설레는 마음으로 열어보니
"거부합니다, ㅋㅋ!"

아무리 거부한다 하더라도 나는, 오미자를 향한
순정의 짝사랑마저 멈출 수는 없는 일이다

## 호 아저씨

위대한
지도자 중에서도
가장 위대한

우상이 아닌
박제가 아닌
가장 소탈한

인민들의
벗
가장 친근한

살아서는 중심축이고
죽어서도 동심원인
가장 위대한

권정생

아무 것도 가지지 않고 아무도 다스리지 않고 아무런 차별도 없는 그런 나라 꿈꾸는 평생 빈손의 아나키스트가

구질구질 꾸역꾸역 가웃가웃 사는 나를 죽비질한 이 한마디,

"여보시게, 불편하게 겨우겨우 간신히 사는 게 가장 잘 사는 것이라네!"

이 세계 절반의 사람,
세상의 모든 딸들을 위하여

네가 어디에 있건 무엇을 하건
나는 무조건 네 편이란 걸 잊지 말아라

네가 태어나면서부터 나는
그 모든 아픔과 슬픔을 너로 인해 이겨냈다

너의 천진한 웃음이 나의 희망이 되었고
너의 난만한 몸짓 하나가 나에게 힘이 되었다

이제 네가 다 자라 이렇게
새 출발로 떠나기 전 내 앞에 섰구나

나는 네가 어떤 것에도 휘둘리지 않고
당당하게 너의 삶을 살기를 바란다

내가 너를 사랑하는 만큼
너도 누군가에게 희망이 되고 힘이 되어라

사랑한다

내 딸아

네가 어디에 있건 무엇을 하건

나는 항상 네 옆에 있다는 걸 명심하여라

## 정선 여인

창밖에 오는 비는 구성지게 오잖나
비 끝에 돋는 달은 유정도 하구나


제주에 내려와 살던 정선 여인을 만났었네
아담한 키에 서글서글 고운 여인을 만났었네
허름한 막걸리집 창밖으론 비긋는 소리
언젠가 정선에 같이 가자고 잔을 들어 다대겼네


정선의 옛이름은 무릉도원 아니냐
무릉도원 어데 가고서 산만 충중하네


사방 산이 막혀 바다 건너 왔는가
어머니와 둘이 살던 눈 덮인 산중 오막살이
세상 버리게 되면 어머니 옆에 잠들고 싶다던
그 여인 큰 눈에 가득 아우라지 담겨 있었네


허공중천에 뜬 달은 임 계신 곳을 알건만

나는야 어이해서 임 계신 곳을 모르나

여인은 기별조차 없이 어디론가 떠났네
산 넘고 물 건너 다시 고향 찾아 갔는가
오막살이 그 산골을 찾아 다시 갔는가
어머니 묫자리 보러 가선 다시 오지 못하는가

당신은 왔다가 그저 간 듯 하여도
삼혼칠백의 맑은 정신은 뒤따라 간다

나는 사방 물이 막혀 산을 찾아 왔는가
언젠가 한 번 같이 가자던 그 정선 길을
바다 건너 산 넘어 나 혼자 왔네
그 서글서글 고운 여인을 여기서 다시 찾네

## 찔레꽃 당신은
- 노무현 대통령의 서거를 애도하며

화려한 주류의 장미가 아니었네
소박한 꽃 당신은 찔레꽃

비바람 천둥번개 고스란히 견디며
풀뿌리 이웃과 더불어 한 무더기
사람 사는 세상 꽃 피웠네

고상한 상류의 백합이 아니었네
소탈한 꽃 당신은 찔레꽃

돋은 가시는 결코 남 해하는 무기가 아니었네
자신을 향한 각성이었네
그 가시에 스스로 찔려 온몸 연붉게 물들었네

우아한 권위의 목련이 아니었네
소중한 꽃 당신은 찔레꽃
가만히 몸 내려놓은 건 바람에 흔들려서가 아니었네

더 낮은 곳으로 가는 것이었네
못 다한 아픈 이야기 다 들으려는 것이었네

순결한 꽃 당신은 찔레꽃
찔레꽃 당신은

해마다 5월 이맘때쯤
하얀 미소 머금고 고운 눈물 화안히 밝히며
돌아오실 당신은 찔레꽃
사람 사는 세상에 축복처럼 향기로운
당신은 찔레꽃

## 미영美影의 달
- 강요배 화백의 집 팽나무에 걸린 달을 보며

그 마음
찬 줄 알았더니
팽나무 가지마다
손닿을 듯
올올이 열린
희미한 달빛
그림자조차
내 마음 가 닿으니
밤하늘 푸르러니
따뜻한 걸
이제 알겠네

# 도안응이아*의 봄


평화의 봄은 왔지만
아직 사람들은 돌아오지 않았네**

우리 엄마도 돌아오지 않았네
그날 우리 엄마가 나를 구했다고
그걸 잊지 말라고
동네사람들이 내게 말해주네
그래서 나는 엄마 더욱 보고 싶네

평화의 봄은 왔지만
아직 사람들은 돌아오지 않았네

한번 잡은 사람의 손
그 촉감과 온기, 목소리를 나는 잊지 않네
그러나 나는 그러나 나는
엄마 얼굴 감촉 어떤지 미루어

하나도 알 수 없네

언젠가 만날 엄마를 위해
나는 내 운명을 받아들여야 하네
최선을 다해서 내 운명을 살아야 하네

평화의 봄은 왔지만
아직 사람들은 돌아오지 않았네

---

\* 한국군의 민간인 학살 당시 6개월 된 아기였다. 어머니가 죽으면서 그를 안고 쓰러지는 바람에 목숨은 건졌지만 빗물에 쓸린 화약 때문에 실명하고 말았다.
\*\* 도안응이아가 부르는 '봄'이라는 노래 가사 중에서.

## 공철이형


"경훈아, 술 하영 먹지 말고
담배도 하영 핍지 말고
밥 잘 먹곡, 잘 살암시라."

귀양풀이에서
이정자 심방이 전한 공철이형의 말이다
마음 미어져 줄줄 눈물만 넘쳐났다

마지막 원미*를 드릴 때
목 아파 먹지도 못하고 야위던 모습 생각나
꺽꺽 마음이 목에 걸려 쇳소리 났다

"공철이형, 이 술 먹엉 갑서
이 담배도 핍곡,
마지막 이 밥, 하영 먹엉 잘 갑서."

---

\* 원미 : 쌀을 굵게 갈아 쑨 죽. 제주 굿에서 조상이나 망자에게 드리는 음식.

## 우리 현미

 집 처마에 제비가 둥지를 만드는 걸 보고 똥이 떨어진다고 싫어하던 현미아빠가 어느 날 새끼제비들이 떨어질까봐 긴 장대 끝에 넓적한 판을 달아서 제비집을 잘 받쳐주었대요 그런 아빠가 고마워서 현미는 귤 수확철에 콘테나 두 개씩 들고 운반을 했대요

"내가 콘테나 두 개를 더 들어야 그만큼 아빠가 하나라도 덜 들 거 아니에요?"

# 제 3 부

# 산과 바다가

## 윤회 輪廻


처음엔 그냥 돌덩이였다가
이슬과 더불어 서리와 더불어
망자의 울타리가 되기도 하다가
바람과 더불어 구름과 더불어
기원의 탑이 되기도 하다가
꽃과 더불어 들풀과 더불어
기름진 흙이 되기도 하다가
먼지 되어 날리기도 하다가
가만히 내려앉아 뭉치고 뭉쳐
그냥 다시 돌덩이가 되어
물과 더불어 이끼와 더불어
해와 달과 별 벗하기도 하다가

산山


산 품 오르는 길목
가시엉겅퀴꽃
바짝 독 올라

뭐 하다 이제 오나

산 발 내리는 길섶
솔패랭이꽃
지친 날 보며

예 살지 어디 가나

# 계단

이제
나를 딛고 올라가라

나는
이미 너의 발밑에 있다

다만
내려갈 때

그 발밑을
나를 한번 기억하라

## 만월 滿月

집착은 미련을 낳고
미련은 한낱 욕심
욕심은 한갓 빈 손

이지러지는 눈 돌려
문득 하늘 보니
아,

스스로 몸을 이우는
멍든 만월이여
무욕無慾의 꽃이여

비었으되 차오르고
가득하면 덜어내는
허공의 해탈이여

# 봄


동상凍傷이
조바심친다

아직
새 살 멀었는데

겨드랑이에 묻은 씨앗이 문득
근질거린다

아,
봄의 날개!

## 조난遭難

 바다에서 떠밀려온 한 평 정도 되는 배를 주워서 어랭이 낚으러 갔다가 표류당했다 노 대신 가지고 간 삽자루로 죽을힘 다해도 조금도 나아가지 못했다 정박할 해안가는 저만치 점점 더 멀어지고 죽음의 밧줄에 목매단 사람처럼 걷어 올린 닻은 표류의 거처를 알지 못했다 죽음의 징후가 배를 강한 악력으로 끌어당기며 수평선 모가지로 떠밀려냈다 기진맥진 힘이 다하자 삶의 기억들이 포말로 튀어올랐다 집착과 미련 그런 걸 포기할 때쯤 배는 멀리 돌아 겨우 땅에 닿았다 조류를 타면 저절로 닿을 곳을 그렇게 필사적으로 허둥댄 것이었다 그때는 그랬었다
지금도 그렇지만

## 산과 바다가

짐짓, 뒷걸음 멀리 나앉은 제주바다가
신기루처럼 섬들을
수평선 포말절벽 끝자락에 올리자

딴청, 외로이 하늘 보던 한라산
오름들 손잡고 성큼 다가가
진초록 외투 벗고 눈빛 나누네

다가가면 멀어지고
돌아서면 다가오는
상처받은 연인들처럼

바람마저 숨죽인 벌건 대낮에
저, 저,
산과 바다가

# 아무도 없었다
-진도 팽목항에서

거기, 방파제 중간쯤
주인 잃은 신발들만
걸음을 멈추고
살아 있는 이
아무도 없었다
눈앞에서 뻔히
모든 걸 삼킨 바다에도
이어중간 구름길 바람길에도
피울음 삼킨
먹먹히 에인 가슴들만
빈 하늘에 나부끼고
거기, 살아 있는 것
아무 것도 없었다
다만, 눈감고 뻔뻔히
조난된 구조
해체된 정부만
비닐쓰레기로 날리고 있었다

춘분春分


경칩 지나 민달팽이 하나 기웃 들더니
오늘 노린재 한 마리 날아드네
겨울 견딘 모기는 온기 찾아 다가오고
거미는 천정 구석 본디 제 집 찾으니

저마다 자유로이 벗하여 다가오건만
혼자 마음 없이 비켜 앉아서
어찌 남 탓 하는가

밤하늘 흰구름 사이 바람달빛 가득한데
내일은 또 어떤 이 오려나

방 안 가득 창을 열어 봄을 맞을 일이다

## 포구浦口에서

넘쳐나는 파도의 위협을 보고서야
생명을 짐작하는
나는 저 바닷속 물고기 화석이었는지 몰라

수평선이 숙명이 아니라고 말하는
너의 그 엷은 웃음이 눈물이라는 걸

바다가 뭍으로 다가오는 이유가
또한 땅과 함께 멀리 나가기 위해서라는 걸

어쩌자고 이제서야 겨우 깨달았는지
독을 잃어버린 복어처럼 서서히
희석된 연후에나 후회하는 것인지도 몰라

## 귤향橘香


제주의 5월은
가는 곳마다
귤향 아득하다
바람결인 듯
꿈결인 듯
아찔한 평화다
도시의 악취는
참향에 밀려
잠시 기억상실이다
5월 제주는
봄향 아늑히
지각이다
4월 한라산엔
눈발 날리는데

벌초伐草


푸른
하늘 푸른
바다 너머
푸른 오름에
푸른
무덤 푸른
풀내음
허파 가득 푸른
무얼 더하거나 빼거나
마냥 푸른
풀물 드는
푸른
풍경

## 민들레거나 생강나무꽃 같은


연한 눈빛
선하게 다가오는

일부러 드러내지 않아도
저절로 드러나는 꽃자태

가슴 가득 진정이 터져
곱고 노란 향기가 되는

민들레거나
생강나무꽃 같은

이름도 좋은
연선식당 주인 할머니

## 입김

언 손 녹이는
따뜻한 온기이다가

뜨건 물 식히는
찬바람이다가

아픈 상처 다독이는
진정이다가

저승과 이승의 경계
숨비소리이다가

설운 눈물 기화하는
한숨이다가

사람 사이 기쁜 일
감탄이다가

마지막 들숨과 날숨
영원의 호흡이다가

# 한라병원 5병동 502호

 모든 사람에게는 꼭 그만큼의 존재감이 있다 담당 의사보다는 내 키가 더 크고 환자인 조군보다는 몸무게가 덜 나간다 진실의 무게는 중량이 아니다 마음의 크기는 도량형이 아니다 한라병원 5병동 502호의 8명의 환자들은 모두 자기만큼의 진실의 끈과 삶의 의욕을 온전히 붙잡고 있다 모두들 몸은 정박한 배처럼 닻에 묶여 있지만 마음은 모두 날개를 달고 있다 불편한 서로에게 팔이 되어주고 다리가 되어주고 말동무가 되어주기도 하면서 조금씩 서로의 병세를 감당하고 있다 그들 진정의 눈에는 병실이라는 소사회가 하나의 우주적 질서로 편안해진다 모두들 비 내리는 병실 밖을 바라보며 돛을 달아 날아오르는 상상을 한다 밖은 어둠인데 세상이 환하다

제 4 부

뚝배기 그릇처럼

## 뚝배기 그릇처럼


제 몸 온전히 덥혀
남 오래 따뜻하게 하고

제 속에 담겼으되
제 것 아닌 양 죄다 퍼주고

제 목숨 다하는 날까지
비워내서 식어가는

문득
부처님 탁발이요
예수님 성배다

## 권위에 대하여

내 안에서부터 모든 권위를 버리고 싶다고
현철이와 경희에게 넌지시 얘기했더니

"형은 원래 권위가 없는데?"
"없는 권위 주워다 버리려면 그게 더 힘들겠네!"

권위라는 것이 아무래도 내게는
기를 쓰고 밀어도 다시 돋는 때 같은 것인가 보다

## 뇌 세척 바이러스

만약에
사람 뇌에 침투하여
그 뇌를 박박 씻어내는
바이러스 있다면
나 그에게 감염되어
인간의 머릿속
온갖 더러운 균 잡아먹고
순화시키리 재빠르게
전염시켜
세상 좀 씻어내리고
비온 뒤 가라앉는 먼지처럼
나 맑은 아침 해에
장렬히 전사하리

## 고해 苦海

호젓한 길섶에 맑은, 영혼 하나 두고 가니,

문득 이 길 가는 그대, 얼핏 눈에 들거든,

이리도 애달픈 가슴, 살아 떠나지 않음을,

# 나의 절명사 絶命辭


나의 죽음은 나의 의지로 선택할 수 없는가
만약 내 나이 육십오 세가 되도록
인간의 힘으로 도저히 어쩌지 못하는
거대한 벽이 있거든 폭탄을 안고 돌진하리라
나 자신 산산이 부서져서 그 벽에 구멍을 내리라
그러니 봉분이나 비석 따위 세우지 말라
나를 기억하고 싶으면 오직 그 벽을 마저 허물라
나의 절명사는 그렇게 마무리되어야 하리라

ㅋ


내 마음 속
날선
격음激音

때때로는

내 입가의
허한
고소苦笑

거꾸로는

내 손 안의
무딘
비수匕首

# 빤스의 수명

그러니까
감물 들이는 일을 하는 미선이가
갈중이 빤스를 내게 준 게 한 10년 전의 일인데
색이 바래고
풀이 죽고
고무줄이 늘어져라 입다가
엉덩이 부분에서 죽 일렬로 터져버린 것인데
그래도 깁고 기워서 한 서너 달 연명한 것인데
터진 데가 또 터져서 더 이상 기울 수도 없어
고마웠다 잘 가라고 불 태우는 것인데
다만 죽음만큼은 저항하여 이기지 못하는 것이라면
오늘 빤스를 내 손으로 보낸 것처럼
나의 죽음도 내 손으로 보내야 한다고 이왕이면
이렇게 불의 힘으로 가고 싶다고 넌지시 빤스에게
그러니까 나의 몸이었던 빤스에게
다짐을 해보기도 하는 것인데

## 낮아진다는 것

내가 그것 밖에 안 되니
그것 밖에 안 되게 살자고

거듭 다짐하면서도
사람 욕심이라는 게

평생 그것 밖에 안 된다고
이제 그것 밖을 생각하는가

이미 수준을 넘은 사람은
절대로 낮아질 수 없다

이미 바닥을 친 사람도
절대로 더 낮아질 수 없다

내가 그것 밖에 안 되니
더 낮게 나를 버리는 것이다

그것이 그것 밖에 안 되는
그것 밖의 나의 삶이다

# 숭어

걷잡을 수 없이
누군가 사무치게 그리울 때
온 몸을 튕겨
운명을 잠시
비켜서기도 하지만
그 찰나의 해갈만으론
해저의 중력이
너무 깊다
운명의 완력이
실기디
질기다

## 대접과 그릇


그릇이 커야 대접을 받잖아요
그래요 나 그것 밖에 안 되어요

내 대접이 줄 땐 작지 않나
내 그릇이 받을 땐 크지 않나

드러내는 것이 아니라
드러나는 것이잖아요 존재는

그릇이나 대접이나 허공만큼
그래요 채우거나 비워내면 그만

## 우울

그대의 우울을 차라리 꽃이라 부르자 바다라고 산이라고 지나가는 바람이라고 그리하여 생명이라고 부르자 그래도 정녕 못 견디겠거든 고개 들어 하늘을 보자 거기 별들이 있어 깜박이거든 그게 우리의 마음이라 생각하자 우울은 공포, 절망에 이르는 죽음의 길에조차 혼자 버려지나니, 이겨낸 그대는 더불어 꽃이 되고 생명의 벗 땀의 합창으로 나의 우울을 이름 지어 달라 바다라고 산이라고 지나가는 바람이라고, 그리하여 사랑이라고,

## 촌철살인寸鐵殺人

시인은
살인자다

촌철寸鐵의,

능히
비인非人을 제압하는,

## 입맞춤


조개 속살처럼

차나무 새순처럼 여리고


문어 빨판처럼

동백꽃처럼 강하면서


솔치회처럼

구지뽕 열매처럼 달콤하며


날미역처럼

생강나무처럼 알싸하고


복어처럼

독버섯처럼 현란하며


성게 알처럼

복수초처럼 화안한

## 뚱딴지


몸에 좋은 거라며 건네주는
누님 손에 뚱딴지 한 푸대

겨울 산밭을 언 손으로 파냈을
그 귀한 마음덩이 덩이들

백량금 천량금 만량금보다
백리향 천리향 만리향보다

오직 귀한 금이고
살 더운 향이라네

한 뿌리 잔뜩 베어 물고
누님 언 손 먼저 녹이리

## 제주상사화


꽃 진 자리
타는 그리움으로
돋아 올린
싹

잎새 지쳐 사그라들면
다시 만날 그날
이리도 아득한데

잎 진 자리
혼신의 힘으로 피워 올려서
몸살 하듯 진저리치며 핀
꽃

한 몸 저리 다 바쳐야
다시 태어나는가
저리도 처연히

새 세상 꿈꾸는가

| 발문 |

# 사랑의 밭에서

현택훈 · 시인

김경훈 시인을 만나기 전에 그의 시 「연인들」을 먼저 만났다. 그 시는 제주4·3 당시 학살당하기 직전에 연인이 대화를 나누는 장면을 쓴 작품이다. 비극적 영화의 한 장면을 보는 듯한 그 시를 보면 그의 연극적 기질을 알 수 있다. 그는 아마도 4·3 진상규명을 위한 조사를 하는 중에 이 시를 메모했을 것이다. 한날한시에 희생당한 연인들의 이름을 보며 극적 상상을 했으리라. 그 상상은 비장한 장면이다. 이런 연인들이 어디 한둘이었으랴. 어쩌면 이번 『수선화 밭에서』의 서시는 이 시 「연인들」이 아닐까. 피의 4·3을 들여다보며 사랑의 감정을 놓치지 않으려고 하는 마음을 드러내는 일은 이 시 이후 이 시집을 묶기까지 스무 해 남짓 지나야 가능한 일일 정도로 서글픈 사랑이다.

>오라방
>이렇게 묶이니 등에 체온이 전해져 와요
>마지막 가는 길에
>얼굴을 바로 보지 못하는 것이 아쉽지만
>이 따뜻한 느낌만으로도 난 행복해요
>
>〈중략〉
>
>오라방 나 지금 무슨 생각하는지 알아요
>죽어도 이렇게 오라방과 함께 죽으니

미련 원망 없어요 저승 갈 때랑
이 더러운 구속 다 벗어두고
우리 날혼으로 다시 만나요

〈중략〉

저 총구가 우리를 겨눈다

-「연인들」부분(『한라산의 겨울』(2003, 삶창))

제주작가회의에 가입하고 얼마 안 되었을 때였다. 이 시를 읽고 김경훈 시인을 직접 만나니 경외감이 들었다. 농담 섞어 하는 말로 제주도에 저항시인이 둘 있다는 건 나중에야 들었다. 김경훈 시인처럼 오랫동안 4·3을 연구하며 시를 쓰는 강덕환 시인이 윤동주라면, 김경훈 시인은 이육사라고. 더욱이 그의 얼굴에서 풍기는 기운은 영화배우 뺨칠 외모다. 그는 영화배우 최민식을 닮았다. 산전수전을 다 겪은 듯한 아우라가 그에게서 풍긴다. 대개 고수들이 그러하듯 그는 별 말 없이 소주를 연거푸 마신다. 그 후 전화를 통화를 할 때도 내가 들은 말은 "어, 기여."뿐일 때가 많았다.

김경훈 시인은 시인이면서 연극인이다. 그의 시를 이해하려면 그의 시에 나타나는 극적인 요소를 살펴야 한다. 그는 문학과 삶을 연출한다. 그가 연출하는 이 문학과 삶은 현장성과 사회성을 강조한다. 그는 늘 현장에서 시를 쓴다. 『고운 아이 다 죽고』(각, 2003)와 『한라산의 겨울』(삶창, 2003)을 비롯한 여러 시집에서 4·3 현장을 노래했다.

『눈물 밥 한숨 잉걸』(심지, 2008)에 수록된 「꿩꿩 장서방」을 보면 알 수 있듯 제주 민요를 바탕으로 한 시에서도 그는 4·3을 말한다. "큰아들 확 차가부난 내 팔자여 내 사주여/ 셋아들아 손님 온다 상제질 잘 허라/ 셋아들은 까마귀 와서 오꼿 차가버리니"(「꿩꿩 장서방」)라고 말하는 제주 사람의 목소리를 들려준다. 그의 4·3 시집은 『까마귀가 전하는 말』(각, 2017)에 이르러 정점에 이른다. 그 시집의 부제가 '4·3 순례 시집'이다. 그리고 이제 돌아와 사랑을 노래한다.

그러니 이 사랑가는 진한 울림을 수반하는 노래일 수밖에. 이 시집에는 '백동백', '물매화', '배롱나무', '시로미나무', '찔레꽃' 등 식물 이름이 많이 등장한다. 이 식물들은 사랑을 상징한다. 시 「들꽃 이름 외우기」에서 "들꽃이나 그 닮은 이들을 닮아야겠다"라고 말하는 시인은 식물 이름과 사람 이름을 동등하게 보면서 우리가 호명해야 할 이름들을 상기하게 만든다.

4·3을 따라 가는 길에 얼마나 많은 이름들을 만났겠는가. 비석에 이름만 남은 존재들을 불러주면서 사랑을 말하는 시인은 잊어서는 안 될 역사를 사랑의 마음으로 말한다

. 사람의 이름이 곧 들꽃 이름이다. 들꽃 이름을 잘 외우지 못하는 자신을 반성하는 시인에게 역사를 정명(正名)하는 그의 방식은 마침내 사랑이다.

> 시류에 때 묻자
> 눈 감고 등 돌려
> 그이에게 가는 길 온통 막히고
>
> 지금은
> 진입로조차 차단된
> 역사의 맹지
>
> -「맹지(盲地)」 부분

아직 일어서지 못한 백비처럼 "내통이 좌절된" 맹지가 있다. 인민유격대장 이덕구 가족묘는 회천동에 있는데, 입구가 딱히 없다. 그 가족묘를 보며 시인은 "역사의 맹지"를 말한다. 아무리 불러봐도 대답 없는 이름들 앞에서 시인은 맹지와 같은 답답함으로 가슴을 친다. 이 맹지는 섬 제주도와 닮았다. "역사의 맹지"에서 제주도는 피로 물들었다. 이덕구와 같은 고향인 김경훈 시인은 이덕구가 사회 교사로 재직했던 조천중학교를 졸업했다. 제주대학교 국어국문학과에 진학한 그는 문학 동아리 '신세대(新世代)'에 가입했다. 그곳에서 비로소 이덕구를 만난다. 물

론 역사 속이덕구. 고향 선배가 걸어간 길을 따라가며 시를 쓴다.

그는 처음에는 시인보다 딴따라가 되고 싶었다. 마당극으로 그의 연극 인생이 시작되었다. 그가 대학생 시절 참여했던 마당극 중에 '똥풀이'가 있었다. 법환동 하수종말처리장 사업을 풍자하는 마당극이었다. 그리고 화순 자유무역항 건설을 반대하는 시위를 벌이다 구류 처분을 받기도 했다. 그후 놀이패 '한라산'에 들어가 신나게 딴따라가 되었다.

그는 중학교 때 그림을 좋아하는 소년이었다. 특활 시간에 미술반에 들어가 그림을 그렸다. 하지만 고등학교 진학 후 미술은 돈이 많이 들 것 같아 포기한다. 마침 그가 진학한 제일고등학교에는 고시홍 소설가, 문영택 수필가가 있었다. 대학에 들어가니 1년 선배인 강덕환 시인이 있었고, 점차 그들의 영향을 받아 시를 쓰기 시작했다. 고등학교 시절 김수영, 신동엽의 시를 좋아했던 김경훈은 리얼리즘 문학에 매료되어 지금까지 이어오고 있다.

하지만 그도 이상(李箱)을 좋아했던 문학청년이었다. '신세대'에서 마련한 세미나에서 그는 '이상 문학론'을 발표했다. 81학번 스무 살 청년은 이상을 선택했다. 다소 의외라는 생각도 들지만, 세상에 대한 저항으로 이상을 선택했던 것은 아닐까. 언어에 대한 저항으로 가득한 이상(理想)을 그는 떨리는 목소리로 발표했을 것이다.

걷잡을 수 없이
누군가 사무치게 그리울 때
온 몸을 튕겨
운명을 잠시
비켜서기도 하지만
그 찰나의 해갈만으론
해저의 중력이
너무 깊다

-「숭어」부분

　시인은 숭어가 되어 이 세상을 견뎌왔다. 강정 해군기지, 제2공항, 비자림로 등의 현장에서 시를 쓰고 읽었다. 그가 쓴 시의 맛은 현장에서 그의 육성으로 들어야 더 좋다. 숭어처럼 날것으로 나타나기도 하지만, 그러므로 살아있는 시를 쓴다.

　고등학교 국어교사라는 안정적인 직장이 생길 기회도 있었으나 며칠 만에 학교에서 박차고 나왔다. 그의 첫 시집 『운동부족』(오름, 1993)은 몇 해 전에 지역 작가 후배들이 존경의 뜻으로 복간했다. 그는 활동가이기 이전에 시인이 우선인 사람이다. 시를 통해 현장에서 목소리를 낸 사람이다.

　김경훈은 몇 해 전부터 과수원지기로 일한다. 마치 북에 있던 백석이 실각 후 농장원이 된 것처럼 그는 귤밭에서 닭을 기르며 과수원을 관리한다. 그 일은 이미 오래 전부터의 계획이었다. 그 전에도 소작을 했다가 크게 망한 적 있는 그는 땅에 대한 미련을 버리지 않고 과수원 한편에 컨테이너를 놓고 살아간다. 이름은 '창고재(創古齋)'. 그냥 창고가 아니다. 이 이름은 '법고창신(法古創新)'에서 따왔다. 그가 그곳에 들어가 펴낸 첫 번째 책이 이 시집 『수선화 밭에서』이다. 제주의 역사를 밀고나간 기저에 있는 사랑을 끌어올려 노래한다.

과수원지기의 삶을 결정하게 된 결정적 계기는 도시생활 중 일조권을 잃고 나서다. 거주하던 빌라 옆으로 큰 건물이 들어서면서 햇빛을 받을 수 없게 되자 조천리 산기슭으로 들어갔다. 그곳에 가면 시간이 멈춘 것 같다. 낡은 감귤창고 몇 동이 있는 그 곳은 낮에도 밤처럼 적막하다.

꽃내음에
취해
죽어도 좋으리
그대 사랑
지천으로 흐드러졌으니
나 여기에
묻혀
꽃이 되어도 좋으리

-「수선화 밭에서」 전문

수선화를 좋아하는 시인은 당연하게도 창고재 옆에 수선화를 심었다. 수선화 옆으로는 토란, 물외, 참외, 고추, 가지, 호박, 도라지, 미나리 등을 심었다. 올해 나이 예순, 삶을 되돌아보며 그는 수선화 밭에서 시를 쓰며 지낸다. "그대 사랑"이라 부를 수 있는 이름들이 오죽 많겠는가. 이름만 남기고 사라진 사람들은 또 얼마나 많은가. 이제 그 이름마저 지워지려 하니 시인은 이름을 부르듯 작물을 심는다. 귤 하나가 다 사람 얼굴로 보일 것이다.

그는 농부의 아들이다. 데모를 하다가도 일요일이면 농약을 쳤다. 그의 시집 발간은 농부의 수확과도 같다. 해거리가 지난 땅에서 얻은 이 시집에는 몇 년 간의 삶이 들어있다. 최근에 '산오락회'를 따라 전국 유랑을 했다. 안동에서는 안상학 시인과 함께 문상길 중위의 생가를 찾기도 했다. 제주의 민중가수 최상돈과 어울리며 우리 마음의 유적지를 돌아다녔다. 그를 따라 4·3 유적지에 간 적이 있는데, 그에 손에는 늘 한라산 소주병이 있었다. 그렇게 여러 번 찾아가고도 맨정신으로는 들어가기 주저하게 되는 모양이다.

해마다 현충일이면 이덕구 산전을 찾고, 광복절에는 4·3 유격대 시신 방치터인 속냉이골 벌초를 한다. 그에게 제주도 전체가 수선화 밭이 되는 순간이다. 그 이름들이 지워지지 않게 산전을 찾아 길을 내고, 속냉이골에 제주(祭酒)를 올린다.

다가가면 멀어지고
돌아서면 다가오는
상처받은 연인들처럼
바람마저 숨죽인 벌건 대낮에
저, 저,
산과 바다가

-「산과 바다가」 부분

  사랑 없는 역사는 불가능하다. 다사함 김명식 시인이 2011년에 낸 시집 제목도 '사랑의 깊이'였다. 이 땅을 사랑한 사람들의 기록은 멈추지 않는다. 그렇다고 김경훈 시인의 문학이 이제 후기일 수는 없다. 그는 창고재에서 창작의 열기를 더한다. 그는 이덕구에 관한 세 가지 방식의 말하기를 준비 중이다. 이덕구 평전, 이덕구 서사시, 이덕구 영화 시나리오. 세 가지 장르로 나눠어서 꼭 해야 할 이야기가 그의 마음에 있다.

  그의 창고재 문학 시기는 이제 시작되었다. 앞으로 그 작은 공간에서 김경훈 문학의 불꽃이 빛을 낼 수 있을 것이다. 그것은 그가 너븐숭이 4·3기념관 관장 시절에 기념관 한편에 있는 애기무덤 옆에 심어둔 수선화의 밝기로 지속될 거라 믿는다. 고 정군칠 시인과 함께 심은 황근처럼 그 꽃은 밭을 이루어 제주도 전역을 덮으리라. 사랑의 밭에서 사랑이 흐드러지게 피리라.

김경훈

1962년 제주시 조천에서 태어났다.
대학 시절 문학동아리 〈신세대〉와 〈풀잎소리 문학동인〉 활동을 하며 본격적으로 시를 쓰기 시작했다.
1987년 6월항쟁 이후 〈제주문화운동협의회〉에서 제주청년문학회와 마당극 단체인 〈놀이패 한라산〉에서 활동했다. 지금은 제주작가회의에서 14년째 자유실천위원회 일을 하고 있다.
1992년 《통일문학통일예술》 창간호에 시 〈분부사룀〉을 발표했다.
1993년 첫 시집으로 《운동부족》을 상재한 이후, 《삼돌이네 집》, 《한라산의 겨울》, 《고운 아이 다 죽고》, 《우아한 막창》, 《눈물 밥 한숨 잉걸》, 『한라산의 겨울』, 《강정木시》, 《그날 우리는 하늘을 보았다》, 《까마귀가 전하는 말》 등을 펴냈다.
산문집으로 《낭푼밥 공동체》가 있고, 마당극 대본집으로 《살짜기 옵서예》와 《소옥의 노래》가 있으며, 제주4·3 라디오 드라마 시나리오를 묶은 《한라산》이 있다.
제주 강정의 해군기지 문제를 다룬 문편 《돌맹이 하나 꽃 한 송이도》와 《강정은 4·3이다》를 출간했다.
이외에 《제주4·3유적지 기행 −잃어버린 마을을 찾아서》(학민사), 『무덤에서 살아온 4·3수형자들』(역사비평사), 《4·3문학지도 I·II》(제주민예총), 《그늘 속의 4·3》(선인), 《돌아보면 그가 있었네》, 《봄은 가도 봄은 오고》(제주작가회의) 등을 공동으로 출판했다.

kimkh4597@hanmail.net